いのちを受けて
健やかに幸福に生きる

―エリクソンのライフサイクル・モデルに学ぶ―

佐々木 正美

発刊にあたって

佐々木正美先生は、毎年、当協会主催の『夏のセミナー』に欠かすことのできない講師でいらっしゃいます。そしてこのたび、二〇一二年の講演内容を、一冊の本にまとめさせていただくことになりました。

佐々木先生はカナダ留学時代に、精神分析学者エリクソンが説く、人間の発達には順序性があり、ライフステージごとに課題があるという発達理論を学ばれました。人間が一生涯、健康に幸福に生きていくための道筋として描かれたそのライフサイクル・モデルは、今日までの臨床活動の中で、いつも指標とされているものです。また、年を追うごとにエリクソンの説いた意味がますます実感を伴い、理解が深まってきているともおっしゃいます。

本書でご紹介する内容は、エリクソンのライフサイクルを語りながらも、先生の生活やさまざまな体験、出会いの中で織られてきたご自身の生き方として、私たちの心に響いてきます。

佐々木先生が語りかける〝幸福に生きていく道筋〟が、私たちの暮らしの中で折々に自分自身を振り返り確認していく〝みちしるべ〟となることを願っています。

神奈川ＬＤ協会

■目次

I

留学先で出会った
エリクソンの発達理論

●ＬＤの概念がまだ浸透していなかった時代に

きょうは一日、エリクソンのライフサイクル・モデルについて、いろいろお話をしたいと思います。エリクソンとの最初の出会いは、カナダのブリティッシュ・コロンビア大学に留学していた時でした。

その時の私の指導教官のお一人、カール・クライン教授は、ＬＤ（学習障害）の専門家でもありました。精神分析医でもあり、エリクソンやアンナ・フロイトとも親しい関係でいらっしゃいました。私は先生から、たくさんの教えを受けました。

私が留学する直前に、日本でもＬＤに関する調査をされた国際論文が出されていました。当時は微細脳機能不全とか、いろいろな言葉が用いられていたと思いますが、さまざまな学習上の困難を伴う子どもたちが英語圏にいると報告されていて、関心をもたれたのでしょう。児童精神医学のパイオニアでもあった大学の教授が、学校の先生方に、ＬＤと思われる子どもがクラスにどのくらいいるか広範囲にアンケートされたもので、その結果は〇・数％でした。

クライン教授はその論文を読んでいらして、日本ではＬＤの子どもが殆どいないのだから自分のＬＤの講義を聴いても役に立たないのでは、と私に言われたのです。クライン教授は大変すばらしい人格者で、当時ベトナム戦争の真っただ中にあったアメリカの政策は間違っていると表明し、徴兵を拒否してカナダへ逃げてくる若者たちを保護する活動に熱心に関わっていらっしゃいました。私はそういう教授の人格に共鳴し、役に立つかどうかよりも、教授が努力、研究されている講義に出ることに意味があると思っていました。

そして帰国した頃から徐々に、我が国でも微細脳機能不全、微細脳障害、ＭＢＤ（微細脳機能障害）ということが問題になり始め、ＬＤとの関係について考える臨床家、心理学者、教育者が出てきました。そんな時代にクライン教授から学んだエリクソンのライフサイクル・モデルによって、本当に、私の頭の中を快く改良してもらえたような気がします。

●フロイトの理論に社会性の発達という視点を加えたエリクソン

〝人間が一生涯、健康に幸福に生きていくためには、こういう手順を踏んでいくといいですよ〟という、エリクソンが生涯をかけて研究したライフサイクル・モデルがあります。

いろんなふうに病んだ子ども・青年・大人、一方では健全に生涯を歩んでいる人…エリクソンはたくさんの人々に出会ってきました。その両者を膨大な数にわたり、比較検討しながら、やがて、特定の時期に特定の問題を踏み外すと、いろいろな意味で精神保健上の困難がやってくる、幸福に生きることを妨げられる、と感じたのです。

エリクソンはフロイトの弟子です。フロイトは、人間はこのようなストレスを感じ、苦悩し、心を病むというように立派な精神分析理論を打ち立てました。エリクソンはそれを学びながら、人間は社会的な存在であることを生まれながらにして運命づけられているということに強く気づくのです。フロイトの理論では、そうした問題にはあまり触れられていません。そこでエリクソンは、フロイトの理論に積み上げるようにして、といっていいでしょうか、社会的な人間の成熟度や、発達という視点を築いていきました。

人間とは、人間関係を営みながら、社会という場で成熟、発達していくものだとエリクソンは言いました。しかも、どういう時期に、どういう人間関係によって、将来の社会的な人格形成につながっていくかということを、膨大なエネルギーを使って見事なライフサイクルとして描き上げたのです。さらに、それには確実に順序があるということを突きとめました。一つひとつ秩序のある道筋を積み上げていくこと。〝発達に飛び級はない〟という言葉をしばしば使っています。見せかけの前進はあっても、それは必ず後戻りしてしまう、と。抜かしてきたことをやり直ししなければ、健全な社会人として歩んでいくことができない、とも言いました。

本当にそうですね。不登校や引きこもりの若者をみても思いますが、社会的な人格の成熟の早い時期でのつまずきだと思うのです。そういうことを、エリクソンの理論の中でたくさん学んできました。

これからの時間、エリクソンのライフサイクル・モデルを中心にお話しますが、エリクソン以外のいろいろな研究も、エリクソンの研究の骨格に花を添えるようなものとして、折に触れ、ご紹介しながら進めていきたいと思います。

＊エリク・H・エリクソン（一九〇二〜一九九四）
アメリカの精神分析学者。ドイツ生まれ。一時期、画家として修業した後、フロイトの娘アンナ・フロイトのもとで教育分析を学ぶ。一九三三年に渡米。カリフォルニア大学で研究、ハーバード大学、エール大学などで教鞭をとる。一九五〇年に初の著作「幼児期と社会」を発表。アイデンティティの概念を提唱したことでも知られる。

II

胎 児 期

●胎児の映像から分かる、妊娠中の精神保健の大切さ

エリクソンは胎児期のことについて何も触れていません。けれども、エリクソンが描いたモデルの前段階として、胎児期の問題は非常に重要だと私なりに勉強や体験を通して考えるようになりましたので、最初にお話したいと思います。

妊娠中にお母さんの精神保健、メンタルヘルスが良い状態でいるかどうかが神経生理学上の発達に大きな影響を与えていて、とても大切なことだと徐々に解ってきています。保健所の妊婦健診教室などでも上映されているかと思いますが、胎児のカラー映像というものがあります。以前、私が見せていただいた映像は研究のためのものだったと思うのですが、妊娠中のお母さんに、今まで覚えている範囲で最も悲しくつらかった経験があったら思い出してくださいと言うのです。胎児がかなり大きくなっている状態ですが、不快でつらい記憶をお母さんが呼び起こすと、おなかの中の動きが変わるのです。赤ちゃんがぐんと突っ張り、のけぞるような硬直したような状態になるのです。いいことではありませんね。それで次は、嬉しい、楽しい経験を思い出してくださいと言います。恋愛時代のデートの場面とかを思い起こしたのでしょ

うか、今度は、胎児が見るからにリラックスしている様子がうかがえるのです。すごいものでしょう。

母体と胎児には、神経の直接な連携はありません。血がつながっているという言い方をしますが、決して血液も神経もつながってはいないのです。ところが、お母さんの精神保健上の問題、情緒的な問題は、自律神経などを介して、母親の体内のホルモンの均衡に変化を与えるのです。このホルモン系統のものが胎盤を通して赤ちゃんに伝わっていきます。物質代謝の影響が子どもの発達、発育に関係しているわけです。他にも、お母さんの免疫があるから生後の赤ちゃんは予防注射をしなくてもいいとか、おかあさんから直接もらっているものと、そうでないものと、いろいろありますね。

大切なことは、お母さんが妊娠中いきいきと楽しい状態で、子どもの誕生を待ちわびながら過ごすことなのです。

東欧の研究で、妊婦の過度の不安や悲しみ、怒りの持続は、胎児や新生児に悪影響を及ぼすという結果が出ています。妊娠中にお母さんがいろいろな苦労やつらい思いをもって過ごすと、生まれてきた赤ちゃんに腹部せん痛、きりで揉まれるような鋭い痛みを伴うことが多いというのです。また、お母さんが妊娠中に不安定であればあるほど、ある意味では不幸であるほど、生まれた後の赤ちゃんが不規則に授乳を要求する、頻繁に大便をする、嘔吐や下痢が多い、などということも解き明かされてきました。赤ちゃんは何も言わないし、感じているようにもみえませんが、お母さんの精神保健をそのまま実感しています。ですから、おなかにいる時から育児は始まっているわけですね。

●知的障害児施設で出会った母親たちの妊娠時の苦悩

カナダ留学から帰って、五年ほど国立秩父学園に勤務しました。重度の知的障害のある子どもたちの居住施設です。その間、一〇一人の子どもたちに会いました。お母さん方にアンケート、面接などしながら分かった事実があります。妊娠中に著しい心身の異常があったと思える人が四八人。一〇一人中ですから、ほぼ半分、びっくりしました。こんなに多くの人が妊娠中に精神的に大きな苦悩、困難を感じていたのです。中でも、三か月以上持続して強度の苦痛にあっていた方が二〇人いました。妊娠中に離婚した人、離婚を決意した人、家業が倒産した人、また、先に生まれていた子どもを病気や事故で亡くしてしまった人、お母さん自身の親や兄弟が亡くなった人、夫が大きな事故に遭った人、自宅を火事で失ってしまった人、極度の貧困、姑との極端な不和など。これらが知的障害の子が産まれてくる原因になったかどうかは分かりませんが、重い知的障害の子を産んだお母さんの妊娠中の経過をうかがうと、こんなにいろいろなことがあったということです。

なぜこんなことをお話するかというと、妊娠中のお母さんの精神保健がとても大事だということなのです。たった一〇〇人程度の中でこれだけ著しい心身の異常を抱えているのです。もっと軽度な事情を含めれば、まだまだ多かったろうと思います。育児は妊娠中から始まっていると、私は強く思っています。

●育児の主役はお母さん

育児の主役はお母さんです。夫は共演者、助演者。女性に育児を押しつけようなどというつもりで言うのではありません。

ＮＨＫの朝の連続ドラマを家内は欠かさず観ていて、私もつられて時々観ます。主演はいつも若い女性で、時には新人ですが、主役は新人でも務まるのですね。共演者をご覧ください、百戦練磨のベテランたちですよ。共演者は主役を輝かせるためにいるわけです。何を言いたいかというと、育児の主役であるお母さんがいきいきと輝きをもてるように、共演者である夫は、どんな役割をどのように担うのか、それはもう奥さんの個性や能力、資質によって変幻自在に協力すべきだということです。そういう意味ではどちらも大変でしょう。

近年のイタリアで、次のような研究があります。産まれたばかりの新生児の頭に、電極が埋め込まれたものをそっと被せて、ＭＲＩで脳の働きを調べたのです。何が分かったかというと、産まれた直後の赤ちゃんにお母さんが呼びかけると、赤ちゃんの脳がいきいきと反応したことでした。お父さんが話しかけてもろくに反応しません。男女の声質の差ということも考えて、女医さんや看護師さんにも語りかけてもらいましたが、あまり反応はありませんでした。見事なくらい、お母さんの声に反応するのですね。産まれる前から関係が始まっているのですから、当たり前ではあるのですが、このことからもお母さんが主役であるということがお分かりいただけるでしょう。

III

乳児期

●基本的信頼は発達課題の第一歩

エリクソンは、発達していく中で解決していかなければいけない危機的な問題が、それぞれの時期にあると言っています。その危機的な問題のことを〝クライシス〟という言葉で表現していますが、私たちが理解していく時には、発達課題と捉えればいいでしょう。社会的な人格を形成していくための発達課題です。

それでは、乳児期について考えていきましょう。乳児期の発達課題は「基本的信頼」です。エリクソンは〝ベイシック・トラスト〟と呼びましたが、人を信じる力のことです。おわかりでしょう、お母さんを信じるということですね。乳児期に母親を豊かに信じることができれば、その後の人生に非常に大きな意味をもたらすのです。

最初の発達課題です。母親を信じることができると、他の人たちを信じることができます。またそれ以上に、自分を信じて生きていけることにつながります。人を信じることと自分を信じることは表裏一体なのです、と。なるほどと思います。自分を信じて自信をもって生きている人は、実は人を信じる力が豊かなのですね。

基本的信頼が豊かに育てられると、希望をもって生きていく力になる。自分を信じることというのは、希望そのものなのだとエリクソンは表現しました。では、それが欠落したらどうでしょう。希望の反対の概念ということで、エリクソンはwithdrawalと言いました。直訳すると引きこもりです。引きこもりというのは、ある意味で希望を失った生き方でしょう。人間は社会的な存在で、社会的な人格の成熟が発達なのだと思うのです。その社会的な存在であることを諦める、あるいは拒否するのが引きこもり、ということです。

●望んだように愛されること

基本的な信頼をもつには、母親ないし母親的な人に育てられることです。その本質は、子どもが望んでいるように愛されることなのです。親が望んでいるような愛し方ではありません。夜泣きしないようにとか、離乳食がちゃんと食べられるようにしようとか、そうなってほしいという希望はあっても、それ以上にこの子が私に何を望んでいるのか、ということころが重要なのです。今、ここで、はっきり申し上げます。だんだんと私たち日本人は、子どもが望んでいることよりも親が望んでいることをしてくれる子どもを求める感情がたいへん強くなりました。子どもと家族の精神医学の臨床を四五年ほどやってきた中で、とても強く思うのです。

私が子どもの時代、あるいは医者になった頃を振り返っても、子どもが望んでいることをしてやることに一生懸命でした。親や祖父母、いろいろな人がかかわりながら。子どもは自分が望んだように愛されることによって、周囲の人や、自分が生きている世界を信じることができるようになるとエリクソンは言いました。理想的には、無条件の愛、永遠の愛、こういう概念をもった愛され方です。特定の人に無条件に愛されるという十分な感情を抱くこと、心理学のほうでは愛着といいますね。

●コミュニケーションへの希望

ご記憶に新しいことと思いますが、滋賀県大津市であった不幸ないじめ事件のことです。加害者側の三人の中の主犯格である少年はたいへん勉強ができたそうですね。勉強ができるということと、人を信じ、自分を信じる力をもっていることがどれだけ乖離したものか、ご理解いただけるでしょう。あの少年たちに欠落しているのは、自尊心、自己肯定感です。相手の自尊心を平気で損なうことのできるような人は、自分自身が自尊心を育てられていないのです。自尊心をしっかりもっている人は、人の自尊心も尊重するのですよ。

自己肯定感というのも同じことです。どんなに勉強ができても、あの少年には自己肯定感がないでしょう。なぜそれが分かるかというと、相手を肯定する力がまるでないからです。人間というのは、人を信じる力が先に育ち、微妙な遅れをもって自分を信じることができるようになるのです。これが、コミュニケーションへの希望というものでしょう。

私の家の近所に、小さい子を連れたご夫婦が引っ越してきました。まだ二歳か三歳くらいの可愛い子です。通りすがりにこんにちはと声をかけたら、一瞬びっくりしたような顔でこちらを見て、こんにちはと言葉を返してくれました。とても気持ちのよい挨拶の交換でした。その子も同じように感じたようでした。実は今朝も、その子は遠くから私に「こんにちは！」と大きな声で呼びかけてくれたのです。何ともいえず嬉しく、心が通い合っているように思いました。こちらを喜ばせながら、その子も喜んでいるのです。大切に育てられているのだなあと感じます。

●喜びを分かち合う経験をしてから、悲しみを分かち合う感情が育つ

ワロンという人が「私」になる過程の研究の中で、他者がいるから自己があると言っています。他者との関係によって自分ができる、というものです。

例えば乳児期、生後一〜二か月で赤ちゃんはお母さんのほほえみに対してほほえみを返してくる。この微笑の交歓に、ワロンは感動するわけです。人間というのは、何と深い共感的な感情を備え持って生まれてくるのでしょう。その後、二〜三か月になると、お母さんにできるだけ自分の傍にいてくださいと要求するようになる、と。お母さんが離れようとすると泣いて怒ったり、引きとめようとし、用足しをして戻ってくるとまた機嫌を直します。その子が三〜四か月になると、お母さんが傍にいるだけでなく、私が喜ぶことをしてくださいと要求するようになる。一番多いのは、抱っこしてほしいということでしょうか。

さらに四〜五か月になると今度は、私を喜ばせるだけでなく、喜びをお母さん自身が感じながら私を喜ばせてくださいと、こういう明確な感情を持ち始めると言うのです。この感情を解き明かしたところは、ワロンの研究の中でも有名な部分です。自分を喜ばすことに喜びを感じている人を求めている

のです。一緒に喜び合いたい、一緒に喜びを分かち合いたいのです、と。このことが、本当の意味で人間的なコミュニケーションの基盤をなすと言うのです。人間的なコミュニケーションというのは、単なる会話ではないのですね。喜びを分かち合う、共感し合うという経験をたくさんしているうちに、他者と悲しみを分かち合う感情が遅れて発達してくるものであって、この逆はない。悲しみを分かち合う感情が先に発達することはあり得ないと、ワロンは言います。

こういう分化した感情をしっかり発達させることは非常に大事なことです。これが本当の意味での人間関係、コミュニケーションの始まりだということです。悲しみを分かち合う感情というのは、一言でいえば思いやりですよね。先ほども申し上げましたが、滋賀県のいじめ事件の加害少年たちに悲しみを分かち合うという感情は残念ながらないのでしょう。

●「与えるもの」と「与えられるもの」が等価であるのが真の人間関係

非常に人道的な精神医療に生涯を捧げた、サリバンという人が晩年に強調されたことです。人間は自分の存在の意味や自分の生きる価値を、人間関係の中にしか見いだせない。心を病んだ人はすべて人間関係に障害をもっており、精神医療の究極の目的は患者さんの人間関係を修復、再調整することなのだ、と。説得力がありますね。

その人間関係について、エリクソンは次のように言っています。良い人間関係というのは、誰と誰の関係にあっても必ず、相手に与えるものと相手から与えられているものが双方とも等しい価値を実感しているものだとし、こんな実例をあげています。お母さんが赤ちゃんと一緒にいることに幸福を感じることができたら、お母さんにとって幸福なのです、と。分かりやすいでしょう。生徒から学ぶことができる教師が、本当に生徒に教えることができるのです。患者から与えられている恩恵に感謝できる医者が、患者に感謝される治療をすることが可能になります。夫婦もその典型ですね。与えているものと与えられているものの内容はかなり違いますが、価値は等しい、こういう実感を共にもつことができたら最高の夫婦でしょう。ご近所でも職場でも、いろいろなところにそういう人間関係があることが幸福ですよね。

Ⅳ

幼 児 期（幼児期前期）

●自律性を育てるために「教える」そして「待つ」

エリクソンは幼児期を前期と後期に分けましたが、年齢を明確には言っていません。おおよそ、幼稚園に入る前と後と考えればいいでしょう。

まず、幼児期の前期です。発達課題は「自律性」と言いました。エリクソンはautonomyという言葉を使っていますが、くだいた言葉にすればセルフコントロール、自分を律する力のことです。この自律には「律」という字をあてます。ちなみに立つ方の自立はインディペンデント、一人でできるようになるということを意味します。日本語では発音が同じになって分かりづらいですが。

自律性とは、自分で自分の衝動や欲望、感情をどれだけコントロールできるか、というもの。その基盤が幼児期の前期に育つというのです。なるほどと思います。幼児期になってくれば、子どもたちはしつけや教育の対象になってきます。おしっこやうんちが出てきたら教えてね、手づかみで食べるんじゃないよ、スプーンを使おうね、などといろいろなことを教えます。

教えるということは、文化を伝えるということです。インド人はカレーを手で食べますし、日本でも寿司通の人は〝にぎり〟を手で食べます。食べ物のことだけではありません。いろいろな意味で、あらゆる文化を徐々に教えていくでしょう。「こうしなさい」「そうしちゃいけませんよ」「こうしなくちゃだめですよ」と言って。禁止することや強制することは、文化を教えるということなのです。そうして、子どもに自分の衝動を自制する力を身につけさせていくのです。では、厳しくすればできるかというと、そんなことはありません。

先ほど、発達に飛び級はないと申しました。乳児期に基本的信頼がしっかり育っていない子どもに過度な厳しいしつけや訓練をして、見せかけの前進がみられても、必ず後戻りする。とんでもないところで子どもは感情を爆発させるものです。思春期や青年期の少年事件はそうやって起きるのでしょう。自分で自分の衝動を自制できるようになっていないのです。

エリクソンはまた、キーワードとして「待つ」ということを言っています。こうしなさい、そうしちゃいけませんよ、と教えたら、いつからそれができるようになるかは、待っていてあげることが大切だというのです。子どもがいつからしようとするのか、子どもに自分で決めさせてあげる。自律、自分で律する、セルフコントロールという概念の獲得のためには、待っていてもらうことが必要なのです。こうして自己決定できることによって、人間は自分の存在への誇りをもつことができるようになるのです。

V

児　童　期（幼児期後期）

●「自発性・積極性」発達の手順を踏んできてこそ独立性が育つ

基本的信頼の上に自律性が育ち、自己決定した行動を楽しむ、こうした経過を経て幼児期後半の児童期に移行していきます。ほぼ幼稚園時代と思っていただければいいでしょう。

この時期に、子どもの自発性、積極性、創造性、目的性（目的のある行動）が発達してきます。持って生まれた資質というのもあるかもしれませんが、日常の仕事や生活に必要な程度の自発性、積極性、創造性というのは、幼児期後半に豊かに育つものだということを承知しておきたいと思います。

エリクソンはさらに説いています。子どもは親を信じることによって自律していきますが、いろいろな程度に依存しながらだというのです。大人になっても依存する部分はあるのですが、いろいろな程度に親から独立してきます。もちろん、基本的信頼をおいていなければ、本当の意味での独立はないのですね。理論的なことだけではなく、次にこんなお話をしてみたいと思います。

私はこれまで、何度も裁判所の法廷に立ってきました。ある人が犯罪を犯し、弁護側の証人として出廷してほしいと依頼されることが多いです。そして証言台に立つ時いつも思うのです。私の目の前にいるのは判事さん、右側には弁護士さん、左側には検察官、そして後ろに座っているのが被告です。矛盾を感じざるを得ません。私は法律事務所の方に、その人の生い立ちの部分をできるだけ詳細に調べて教えてくださいと申し上げています。私の両脇、前方にいる人たちは大抵よい生い立ちをしてこられたのだろうけれど、後ろにいる人の生い立ちはみじめですよ、本当に。基本的信頼なんていうものを人に対して抱けるような環境で育っていないですもの。そのことを念頭において証言します。本当のところを言えば、犯罪を犯してしまった人にすべて罪をきせるというのは、過酷なことだと思っています。そういう人を育ててしまった人たちが、いろいろな程度に応分の罪を償うべきだといつも思うのです。そんなことを弁護士さんにお話しするのですが、日本の司法は当事者責任なのだそうで、なぜその人がそういうことをやってしまうのか、というところに関係した人はよほどのことがない限り罪に問われないのですね。不条理を感じます。この人が違う環境で育てられていたらどうだったろうと思いますよ。それを、幸せに育てられてきた人が裁くのです。非条理です。しょうがないことですが、そんなことを少しでもお話しして、情状酌量を期待するしかありません。被害を受けた人にとっては、受け入れられないものでしょうけれど。そういうことの不条理に、何度遭ってきたかわかりません。

これから皆さんもいろいろな少年少女に出会われ、何でこんなことをするのだろうと腹を立てることもあるかもしれませんが、その子たちの背景にはみんなそれなりの理由があるということを心にとめておいてください。そんなことをしないですんでいる私たちには、はかり知れないものがあるのです。

●倫理や道徳の原点を「遊び」から学ぶ

エリクソンは児童期の遊びを重要視しました。遊びの意味ですね。自発性、積極性、創造性などを子どもの中に育てるのに、遊び以上に重要なものはないのではないか、とも言っています。

その遊びについて、ヴィゴツキィが行った研究をご紹介します。ヴィゴツキィは旧ソビエト時代の心理学者です。「子どもはなぜ遊ぶのか」という命題をもって研究していくのですが、そのうちにだんだん「子どもはなぜ遊ばなくてはならないのか」というふうに変わっていくのですね。研究していくうちに、そちらの方に傾いていくというのが分かるような気がします。

子どもの遊びは単純に快楽や享楽を求めているものではない、発達の方向に向かって、最近接領域の課題にいつも取り組んでいるのだと、ヴィゴツキィは言います。最近接領域の課題とは、今はまだできないけれど、もうすぐできるようになるだろうと思える課題といったらいいでしょうか。例えば、○○ちゃんがしていることを僕もしたいな、早くああいうことができるようになりたいなあ…というようなこととお考えください。こういうことを無数に思いながら遊んでいるということです。しかも、自発的に取り組み、限界まで努力する、と。なるほどなあと思います。オリンピックの選手みたいなものですね、幼稚園時代の子どもの遊びは。

子どもは仲間と共感し合って遊ぼうという時に、必ず規則を作ります。ルールを守る仲間だけが参加する資格があるのです。ルール違反をする子がいたら、もうその遊びは成立しなくなります。遊びの中にある約束といってもいいでしょう。みんながその約束を守るのです。自分が勝手にやりたい役割をしていいわけではありません。どんな遊びをする時でも、それぞれがみんなの承認を得て、その役割に伴う責任を果たします。そのための努力を、子どもは遊びの中で一生懸命やります。それでもうまくできない時もあります。

スポーツなどでは更にはっきりしてきますけれど、失望や失意を感じます。けれどもよい遊び仲間は、うまくいかなかった時には慰めてくれます。共感し合えるのです。これこそ、人間の倫理や道徳の原点ではないですか、倫理や道徳の習得に、遊び以上の有効な方策がありますか、とヴィゴツキィは問いかけるのです。

規則・約束を作り、守る。役割に仲間の承認を得て、分担した役割に伴う責任と義務を果たすために最大の努力をする。結果について、感動を分かち合ったり、失意に共感し合ったりする。これが遊びの本質でしょう、と。

Ⅵ

学童期

●「仲間から学ぶ」「仲間に教える」ことから、社会的勤勉性を身につける

人間が将来、社会的に勤勉に生きていくことができるかどうかは、学童期の過ごし方に決定的に意味があるとエリクソンは言いました。エリクソンの研究をクライン教授から教えられ、カナダから帰ってからもいくつか論文を読んだりしました。その時にはどうも腑に落ちない感じがあったのですが、その後四〇年も経って、エリクソンの言っていたことが本当にそうだなあと、しみじみ分かるようになりました。

私は昭和一〇年生まれで、もうすぐ七七歳になります。六歳の時に第二次世界大戦が始まり、翌年四月に小学校（当時は国民学校）に入学したのですが、三年生で滋賀県の農村に疎開をしました。そこで、エリクソンが指摘したようなことの原点ともいえるような典型的な遊びを友達と、毎日暗くなるまでしていました。放課後、学校の石畳で宿題をやっていると、何人もの仲間が来て私の宿題を覗き込んで写し、宿題を終わらせます。そのかわり、私もいろいろ教えられました。うなぎの夜釣りとか上手に教えてくれる子がいましてね。竹馬の作り方とかも。うさぎの交配のしかたなども印象に残っていますよ。いろいろ仲間から学び、いきいきと遊んでいました。

社会的勤勉さというのは、おおよそ小学校時代の仲間との遊びの中で育ってくるというものですが、エリクソンはもっとかたい言葉を使っています。仲間と、道具や知識や体験を共有し合うこと、と。くだいた言い方をすれば「仲間から学ぶこと」「仲間に教えること」といえます。

●「何を学ぶか」ではなく「どれだけ多く学ぶか」

私たちは子どもの頃、先生や大人から学ぶことに価値を感じていました。なぜなら、仲間同士で学んだり教えたりということは、誰もが十分に自由にできていた時代だったからといえます。いまだに小中学校の同窓会をやっていますが、そこで教えられます。三人に一人ぐらいしか高等学校に行かない学校で学んだ仲間たちですが、みんなこつこつと真面目に働いてきました。定年を過ぎても会社に残ってくれと言われている人もいて。若い人のお手本になってほしいという理由なのですね。勤勉さを見込まれてのことです。驚くほどエリクソンの言っていることと照合して合点がいくのです。仲間で教え合っていることが、社会的に勤勉に生きていくための基盤になっている。それも、何を学ぶかではなく、どれくらい多くのことを学ぶか、何を教えるかではなく、どれくらい多くのことを教えるか、ということが決定的に不可欠なのだといいます。そういう意味では、質より量といえるのでしょう。

先生や大人から学ぶことに価値がないと言っているのではありません。けれどそれは、勤勉な人格をつくり上げていく方向には導かないということなのです。この前ＩＴ産業の方から聞いたある青年の話ですが、その青年は能力はあるものの休みがちだったそうです。そこでどうしたものかと悩んでいたところに、私の本からヒントを得て次のような提案をしたそうなのです。パソコン作業は家でやってくれていいから、一週間に一度報告に来てほしい、と。そうしたら非常に成果があがったというのです。なぜ会社ではうまくいかなかったのか。簡単ですよ。人間関係ができないからなのです。人の中に入ると苦痛になって自信を失うのでしょう。今、多くの若者たちが引きこもっています。就職しても三年以内に三〇％の人が辞めてしまうそうです。自分に合う仕事ではなかったと言うそうですが、じゃあ合う仕事とは何ですかと聞くと、うまく説明できないのですね。人間関係から逃げているのでしょう。友達同士で教え合うことが欠落したまま大人になっても、本当の意味で社会人として勤勉に生きていく人格はつくれないのです。

仲間から学ぶ、仲間に教える経験が十分ある上に、先生や大人から学んだのなら、それは大きな価値があります。例えば、自分の進路を見出すのに視野が広がったりしますね。引きこもりの子には勉強ができた子が多いのです。勉強ができない方がいいと言っているのではありません。勉強はできないよりできた方がいいですよ。でも、遊べないより遊べた方がいい、ということにはならないのです。

エリクソンがあの時代にこんな事実を、これほど奥深く知っていたなんて、あらためてすごい人だと思います。

VII

思春期・青年期

●価値観を共有し合える仲間を求める

思春期・青年期の子どもたちは、自分の内面に最大の関心をもっています。同時に、自分の外面も他者の目にどう見えているか、それなりの関心があり、身なりや髪形に気をつかい出すというのも正常なことなのです。他者の目に自分がどう見えているか、どのように評価されているか、それによって自分はどういう人間なのかを探ろうとします。人間というのは、自分を他者との比較でしか感じ取ることができないわけです。この時期、自分を客観視できるようになることで、アイデンティティの確立を目指すようになります。

スポーツ選手になりたいと単純に思ったとしましょう。けれど、仲間たちの中で自分がどれくらいスポーツに優れているか確認できなかったら、スポーツ選手になりたいなんていうことにはならないわけですよ。児童期まででであったら、宇宙飛行士でも新幹線の運転士にでも何にでもなれる、主観の世界にいるわけですから。ある意味、幸福な時ですね。それに比べて、思春期はそれほど幸福ではありません。自分はこういう人間であると思いたいと思っても思えない。他者が自分のことをどのように評価してくれるかによって、自分がこういう人間だということを知るわけです。ですから、その時に自分にできるだけ良い評価を与えてくれる人を求めます。それが、価値観を共有できる仲間なのでしょう。エリクソンは思想、信条、主義主張が合う仲間と言いましたが、ひらたく言えば、話が合う仲間ということになります。

小学校の時までは、仲間の数は多ければ多いほど、たくさんのことを教え合うことができます。それが思春期になると、ぐっと数も限られてきます。類は友を呼ぶといわれますが、思春期の若者は話の合う仲間としか親しく交われなくなるのです。

●高校生の性体験調査・いじめ調査の結果から見えてくる親子関係

高校生の性体験調査というものがあります。日本性教育協会（現・日本児童教育振興財団）、東京都幼稚園・小・中・高等学校性教育研究会がそれぞれ、数年ごとにかなり大がかりな調査をしています。最後に行われた調査結果によれば、全国の高校三年生の四〇％が異性との性的な関係をもっていて、東京都内に限れば四五〜四六％になるそうです。では、どういう人が異性との性的関係に入りやすいのでしょうか。

ある大学院の先生が毎年、全国の高校生を対象に、広範囲に調査研究をしていらっしゃいます。まず、「あなたは、あなたの両親から大切に育てられてきましたか?」「あなたは、現在あなたを大切にしてくれている大人がいますか?」と質問し、「はい/いいえ」で答えてもらい、その後、いろいろなことを尋ねていきます。今回のお話に関連したことを少し拾い出してみます。

「あなたは今、気に入った異性の友人ができたら性的な関係になってもかまわないですか?」という問いの結果が次のようでした。親から大切に育てられた、大切にしてくれる大人がいるというグループでは「いいえ」という答えが多いのに対して、もう一方のグループでは、性的関係になってもかまわないという答えが前者の二~三倍も多かったというのです。また、既に異性との性的な関係があるかという問いに「はい」と答えた中では、大切に育てられたと思わないというグループが前者の五倍という多さでした。その他、万引きやリストカット、薬物の経験の有無などについても問いかけています。

そこでも、大切に育てられたと思わないと答えた高校生のほうが、これらの経験が三~五倍も多いという結果が出ています。大切に育てられたという実感がもてる高校生は、自分を大事にしている。その一方で、大切に育てられてこなかったと思う高校生は自分を大事にできない、こんなことが調査からも次々と分かってきました。自分が大切に育てられてきたかどうかと問われた時、何を根拠に答えが分かれるのかは分かりません。多分、幼少期からのいろいろな記憶など辿りながら、現在の自分と親との関係を考えているのだろうと思います。

親子関係が反映している調査を、もう一つご紹介します。社会学者としても有名な森田洋司先生が、いじめに関するさまざまな調査を、何年もかけて全国規模でなさってきました。

小学校高学年から中学、高校生を対象に「あなたは自分のクラスにいじめがあると分かった時に、どのような行動をとりますか？」と質問します。答えとして、①何もしない。見て見ぬふりをする　②いじめを止めさせるように努力する。いじめている生徒に呼びかける、いじめられている生徒をかばう、先生や家族に訴える…など。③それまで自分は関係なかったけれど、いじめの中に入ってエスカレートさせてしまう。こういうように三つのグループに行動が分かれるというのです。

そして、それらの生徒に「あなたは、自分と両親との関係を次のどれだと思いますか？」とさらに質問していきます。「非常に良い」「良い」「ふつう」

「悪い」「非常に悪い」の中から答えを選択してもらったところ、顕著な結果が表れました。②のいじめを止めさせる努力をするという生徒の大半が、両親との関係を「良い～非常に良い」というところに回答を寄せている一方で、③のいじめに参加してしまうという生徒の大半が、両親との関係を「悪い～非常に悪い」と答えているのです。

森田先生は以前、こんなこともおっしゃっていました。いじめについては学校が配慮しなければいけないが、それ以上に親の責任が重大だ、と。自分が大切に育てられてきたと思えない子どもが非常に多く、問題が思春期・青年期になって表れることも大変多いのです。

Ⅷ

若い成人期

●自分の人生を賭けることができる相手がいるか

エリクソンの発達論をみていくと、人間はいかに人間関係の中で日々生きていくか、いかに人間関係の中で成熟していくか、ということがお分かりになると思います。その人間関係の質というものが折々で変容していく、これが成熟、あるいは成長、発達というものなのです。

思春期・青年期を過ぎるあたりになると、エリクソンはいっそう年齢区分について定義をしません。平均寿命の長い国、社会にいると、ゆっくり年老いていきますね。ですから、自分はいつまでも若い成人期だと思われていていいわけです。この若い成人期に最も大切な課題を、エリクソンは「親密性」だと言いました。親しい交わりです。自分を、この相手、このグループに賭けることができるほど、深い親密な人間関係をもてるかどうか、ということです。その典型的な姿が結婚です。自分の全人生を賭けてもいいと思えるほど親密な相手に巡り合えたら幸せです。就職も同様で、この人たちがやっている仕事に、自分の人生を賭けてもいいという思いで就職できたら幸福です。

例えば団体競技のサッカーなどをみると、選手は仲間や多くのサポーターとの人間関係の中で親密性をもっていますよね。友情、共感、時に競争と、こういうことのできる相手がいる、そして、そこには相互依存があるというのです。

人間の健全な社会的自立というのには、相互依存の関係があるとエリクソンは言います。これにも、なかなか深い意味があります。相互依存とは、相手に与えているものと与えられているものが豊かにある人間関係なのです。夫婦でも親友でも、そうでしょう。逆に、相互依存のない自立というのは、しばしば孤立の場合が多いと。孤立というのは、最も不安定で不幸な生き方の典型ですからね。

●幸福に生きるとは、他者を幸福にしながら生きること

人間が社会の中で価値を生み出すことを、生産性・創造性といいます。この原動力の背景に、深い親しい人間関係が不可欠なのです。例えば芸術家がいるとします。ともすると孤立しているようにみえますが、自分の作品を鑑賞してくれる人を意識することができます。人に迎合する作品を作るのではなく、自分が信じるところを信じるように歩んで作り、その作品に対して深い感動をもって共感してくれる鑑賞者がいる。このことが、芸術家には最高

の喜びなのです。特別な例をあげなくても、私たちの日常の生活の中でも、職場で親しい同僚、上司、部下と共に、お互い自分を賭けて仕事をしていたりしますが、そこに生まれるものは親密性なのですよね。

幸福に生きるということは、他者を幸福にしながら生きること、他者が私の幸福のために生きていてくれることなのだと。さらに、幸福な人は必ず誰かを幸福にしながら生きている、という指摘も。エリクソンはいい表現をしますね。

●納得して引き受けられる困難を背負う

森岡正博さんという哲学者が、幸福と感動ということについて新聞に書かれていました。苦しみや痛みから逃れ続けることでは、幸福には到達できない。幸福な生き方というのは必ず、納得して引き受けられる困難、納得して引き受けている役割を背負うものだと。そうだなあと思います。

私はある病気を二つもっています。ひとつは骨髄線維症で、骨髄白血病と親戚のような病気です。幸いなことに、慢性でゆるやかな経過を辿っていきます。今のところ悪化した様子はみられないのですが、いつか急性に変換する時はやってくるのです。そうなると進行は早いのですけど。自己免疫を高めるために栄養のあるものをしっかり食べてくださいと言われました。実はこの病気が見つかった時、たまたま糖尿病も発見されたのですが、その際にはあまり食べないでくださいよ、食べ過ぎたと思ったらインシュリンを多めに打ってください、と。そこで二人の主治医がお話合いをしてくださって、ある程度しっかり食べたら運動をして消化してくださいという指示になりました。年をとりましたし、暑い夏がくるとたくさん歩くこともままならず、つらいですよ。こういうふうな病気になりましたし、自分にできることもあと僅かかと思いながら、日々生きております。納得して引き受ける困難、役割を少しでも誠実に果たしながら、人生を終わっていきたいと思っています。

幸福に至る道というのは、自分が担い得る困難を引き受けながら生きていくことだろうと思います。

私が近年、若いお母さん方によく申し上げていることです。育児の真っただ中にいる時に、自分がやりたかったことを後回しにしても、この子のために生きるということが、本当の生きがい、幸福にならなかったら、子どもを産む資格はないでしょう、と。子どもは親を選べないのですから、生まれてきたことに悔いを残さないでいられるように最善をつくしてあげますよ、という誇りをもって、お母さんは生きてくださいと、勉強会などでお話しています。困難を納得して引き受けることの中に私たちの幸福があるわけです。納得して生きるという時、それはみんな親密な人間関係の中にあるのです。相手の人生のために自分の人生を賭けてもいい、と強い口調でエリクソンが言っていたことです。

若い成人期というのは、そういう親しい人を必ず見つけて、そういう人たちとの関係の中で生きていくことがとても重要です。皆さんは誰のためにご自分の人生を賭けていますか。折にふれて思い出しながら生きてくださるといいなと思います。

IX

壮 年 期

●世代性を生きるということの意味

次に、壮年期を迎えます。この時期の最も幸福な生き方を、エリクソンは「世代性」という言葉で表しました。前の世代の人が残してくれたものを引き継ぎ、自分の時代で新たなものをそこに積み上げ、後の時代を生きる人に譲り渡していくということです。

分かりやすい例で言いましょう。例えば研究者の場合ですと、こういう研究をしたいと思ったら、その分野の先行研究を洗い出しますね。古今東西の人たちがどんな仕事をして、どこまで到達しているか、研究論文を読み解き、吟味します。その結果ここまでは分かった、では自分はどこを新たに開拓していくか、という研究プランを立て、その研究に邁進していくわけです。やがて年老い、研究を閉じようとした時に自分の研究を引き継いでくれる後継者が見つかったら、最高の喜びでしょう。先人が切り拓いてきた研究をしっかり学び、自分が新たに解明したものを積み重ねてここまで辿りついた、ここから先は次の時代の人が継いでくれる。そうした自覚をもった生き方ができること、それが世代性を生きるということなのです。

ブラームスの交響曲の一番はベートーベンのコピーだといわれます。ところが二番、三番とだんだん変わっていって自分らしさが出てくるのですね。芸術に限らず、農業にしても何にしても、まずは先人を模してやるものです。お手本がなければ生きられないのです。そこに新たなものを築きあげていくのですが、そこに共感してくれる人、評価してくれる人を求めるものです。

絵画の世界をみると、ゴッホやモジリアーニは同世代の人たちに認めてもらえず、発狂状態に陥ったり、のたれ死んだりしました。そこへいくと、ピカソは時代の潮流にのって幸福でした。同時代の人に価値を認められるかどうか、共感してもらえるかどうか、それが決定的に人生を変えてしまうものです。

●世代間のつながりが良い社会ほど倫理性が高まる

エリクソンはこういうことも言っています。倫理というものは、世代と世代の間で新しく生み出され、リニューアルされるようにしながら、世代間連鎖の中で伝えられていくものです、と。ですから、世代間のつながりが良い社会ほど、社会全体の倫理観、倫理性は高まります。今日の私たちの社会をみると、世代間の断絶が大きくなっていますよね。倫理性が消えてきたと、いろいろな意味で感じます。

親子、祖父母といった世代間の中で生きる喜び、命をバトンタッチしてきた感動、自分一人で生まれてきたのではなくて、育てられてきたのだ…そういう思いを抱いていきたいものです。

X

老年期

●宇宙の秩序の中に組み込まれている自分の生命

エリクソンの発達段階の最終は老年期、ここでの発達課題は「統合」です。ちょっと哲学的になります。

私たちは広大無限の宇宙の中にいます。宇宙には一五〇億年もの歴史があるそうです。今、天体望遠鏡で星の光が見えたとすると、その光は一五〇億年前にその星を出発した光で、元の星はもう無くなっているのかもしれません。気が遠くなるほど際限のない広がりです。今度は地球というものを考えてみましょう。その歴史は四六億年、宇宙の中では、たった一点のような地球。そういう中に私たちはそれぞれひとつの生命を与えられています。恵まれた人生を与えられたとしても、たかだか一〇〇年の生命です。広大無限の宇宙の歴史の中では一点のような地球の上で、一瞬のような生命を引き継いできました。そういう宇宙観をもちながら、自分の生命をかみしめ、見つめてみる。私たちの生命は、大いなる宇宙の秩序の中に組み込まれているのだとエリクソンは言うのです。

そして誰にも平等にやってくるのは死です。どんな葬られ方をしても、土の中で分解され、最終的には元素に分かれていき、地球に、宇宙に帰っていくのです。こんなふうに豊かな秩序の中にあるということです。ハッとしますね。私も年をとってきたからでしょう、エリクソンが老年期についてあれこれ思考したことが、実感をもって迫ってきます。

●自分の人生に満足できるか

以前私が勤めていた小児療育相談センターのスタッフの一人が、エリクソンに手紙を書いたことがあります。その頃はエリクソンもほとんど寝たきりになっていて、もうお返事を差し上げる力がないのですという秘書からの手紙がきました。二〇年近く前になるでしょうか。老年期を迎えているエリクソンに、今あなたは自分の人生に満足しているかどうかを尋ねたかったと言うのです。多分、満足していたと私は勝手に思っています。

仮に、エリクソンから私が同じことを問いかけられたとしたら、幸いなことに十分満足していますとお答えできます。先ほどお話ししましたように、二年前に不治の病が見つかった時も動揺はありませんでした。それはそれでいいと、願うことは最後に痛みや苦しみがなく人生が終われればいいと思っています。こう思えることは幸せなことです。

老年期については、エリクソンの研究論文はいくつもあります。かなり抽象的になっていますが、結局のところ、幸福な生涯、幸福なライフサイクルというのは、最後の最後に、これで良かったと、自分の人生に満足、感謝できることなのです。

XI

自分のライフサイクルを辿ってみて思うこと

●子どもを叱らなかった両親

最後に、私自身のライフサイクルを辿ってみていきたいと思います。

私は母に対し十分に基本的信頼を向けることができたと、はっきり思っています。子どもを叱らない両親でした。母親はしつけの中で、これこれしてはいけませんよというぐらいの小言は言っていたかもしれません。けれども、早くしなさいとか、まだできないの、といった否定的な思いで叱られた記憶は全くありません。貧しい時代でしたが、ゆったり育てられたと思います。貧しい家に生まれ、小学校の四年生ぐらいから子守に出て家計を助けていた母は、小学校も終わりまで行っていないのだと、父から聞いたことがあります。なぜ父がそういうことを言ったかといえば、書けない字がたくさんあるというような母の姿をみて軽蔑の感情をもってはいけないというふうに感じたのでしょう。父も高等学校へは行っていません。だからかどうかは分かりませんが、勉強しなさいという類のことは一度も言われたことがありません。子どもの臨床にかかわりながら、しみじみ思いますよ。叱らなければしつけられないなんてことはない、教えてあげたら待っていてあげる。このことが豊かな自律性を育てるのです。

小学校時代は疎開先で、村の子どもたちと毎日、群れをなすようにして遊んでいました。友達とたくさんのことを学び合いながら、思い切り自由に遊びました。勤勉に働くことが身についているのは、エリクソンから「友達とよく遊んだからだよ」と言われているように思えます。

●高校時代、天気が良ければ野球部へ、雨が降れば合唱部へ

中学時代は小学校の延長だったような気がします。でも、高校に入ってからは自然と友達を選ぶようになりました。田舎町の高校です。私はそこで野球部に所属していました。地方予選などがあっても、たいてい一回戦で負けてしまう弱い学校ですが、野球は楽しかったですよ。二塁手でレギュラーだったのに、合唱部にも所属していました。野球が強い学校だったら許されませんよね。クラブの仲間も先生も、おおらかに見守ってくれました。雨が降ると「佐々木君、きょうは雨だからあっち行けよ」と野球部の仲間が促してくれるのです。強い学校に所属する喜びはあるでしょう、でも弱い学校に所属する喜びはもっとあるともいえます。合唱部では、顧問の先生がすばらしかったですね。当時、NHKのラジオ番組で定期的に演奏会が催されていて、

私たちも発表していました。二つの部を行き来しながら、コーラスを楽しみ、野球を楽しみました。

高校時代には奨学金をお借りしていました。といっても、学用品を買った覚えはなくて、お米やパン、時にお芋にかえて飢えをしのいだ、そういう時代でした。山を二つ越えた町の高校へは自転車で通っていました。中古の物を自転車屋さんから月賦で買ったのですが、月々の支払いは滞っていたと思います。パンクして修理に持っていく時など、見栄とかもあってつらかったですよ。でも、いい自転車屋さんでした。うちで買ってもらった自転車がパンクしてしまって申し訳ないというようなことを言いながら直してくれました。こういう優しさ、親切なまなざしに恵まれて、高校を卒業しました。

●業務成績が悪くても、のびのびしていた信用金庫勤務の時代

高校を卒業すると東京に出て、信用金庫に勤めました。そこから大人の生活が始まります。お金を貯めて大学に行こうと思っていました。最初は、お得意様係ということで外交して歩いていたのですが、半年経っても一口も契約がとれません。決められた通りの口上を言うのですが、けっこうですと言

われると二の句がつげないのです。一件も勧誘できないのは信用金庫始まって以来と言われました。叱られたんじゃないのです。そこで上司は、どんな仕事に回ったらいいか考えてくれました。まず、腕利きの外交員がとった契約の集金業務に就いた後、内勤に異動し、預金の管理を任されました。そろばんを使っての帳簿管理はわりあい良くできました。

六年経って少しお金が貯まった時、大学へ行きたいので辞めさせてくださいと申し出たのですが、上司と理事長からは、仕事は辞めずに大学の夜間部へ行ったらどうかと打診されました。忙しい月末の集計時だけは大学を休んでもらうけど、十分通えるのではと言うのです。いい会社でしょ。その時は、医学部へ行こうと思っているなんて口に出せませんし、あれこれ言いながら辞めさせてもらいました。そんな時、ちょうど信用金庫の住み込みで留守番役をしていたご夫婦が高齢で辞められることになり、私は、田舎にいる両親を雇ってもらえないかとお願いをしたのです。自分は辞めさせてもらいながら、随分勝手でしたよね。理事長は私の顔をしばらく見ていましたが、いいよと言ってくれたのです。

その後、新潟大学の医学部に入学することとなりますが、親切な人たちに恵まれたと思います。信用金庫の時代、どんなに勧誘がとれなくても、めげたりしませんでした。のびのびとしていましたね。

●基本にあるのは「人を信じる力」

両親が信用金庫の宿舎にいましたので、大学の休みに帰ってくると、仕事を手伝ったりして一緒に過ごしました。そこで分かったのですが、私が辞めた後の仕事を引き継いでやるのに、二人半の人がいないとできなかったそうです。私が一人でやっていた仕事です。外交をやっていた時のみじめさについても信用金庫の人から聞いていたのでしょう、その後、職員は適材適所で使わなければ、と理事長が言い始めたと、母は嬉しそうに話してくれました。

信用金庫時代には野球の対抗試合があって、私はピッチャーとして活躍しました。外交はだめでしたが、野球と帳簿管理は良かったのです。職場でいきいきと人と交わっていられたこと、大学に行きたいから辞めさせてほしいと言えたこと、自分の親を採用してほしいと平気で頼めたこと、そんなふうにのびのび自由に生きてこられたのも、それまで両親や疎開先の村人から育てられた、人を信じる力があったからこそだと思います。自分の努力だけでなく、おかげさまで…というような、自然に身についたものといえましょうか。成績が悪くても、悪意を抱かれていません。だから平気でいられます。

二年近く前になりますが、卒業した高校からお招きを受けて講演に行ってきました。滋賀県の過疎の村です。その日は同級生が集まって夕食会を開いてくれたのですが、卒業式に合唱部で記念撮影した写真のコピーを持ってきてくれた方がいました。家に帰って家内にそれを見せたら、家内が泣いているのです。あなた一人こんなみじめな格好で通っていたのか、と。あらためて見ると、みんな詰襟やセーラー服を着ている中で、私だけ兵隊さんが残していってくれた作業着を着ているのですね。当時はそれしか着るものがなかったし、貧しさというものが身についていたので平気でした。誰かがそれを馬鹿にしたり、いじめたりすることも全くありませんでしたから。

私たちは基本的に、人を信じて生きていくわけです。人を信じる力があると、さまざまな壁が立ちはだかっていても、人は乗り越えてやっていけるのです。

おわりに

これまで、たくさんの子どもたちに出会ってきたわけですが、臨床医をしていると、生い立ちにさまざまな背景があっただろうと思われる子どもたちにしばしば遭遇します。その子たちにかかわる時に、この子にはこういう部分が不足しているなと思えたら、その時に補充できることは何でも、できる範囲でやってあげるようにしています。愛情をかけることです。軽々しく言えるものではありません、本当の意味で、どれだけ真実の思いを込めた愛の感情を伝えられるか、こういうことしかないように思います。それぞれの人がおかれた環境によって、やってあげられる内容は違うと思いますが。

以前に私が経験したことを一つ、ご紹介します。

横浜市青少年問題協議会から、対応に困難な人の相談・カウンセリングを依頼されました。どういう人が相談に来たかというと、売春をしている少女ばかりです。一見立派なご家庭があっても、生い立ちは貧しいですね。

どうしたらこちらの気持ちが伝わるのか、いろいろ考えました。そこで私なりに思いついたのは、相手の話をちゃんと聴いてあげることでした。相手が楽しんでいること、得意なこと、好きなこと…若者のファッションとか若者の好きな音楽とか、私にとっては必ずしも楽しいものではありませんが、そういう話題にします。そうした話にどれだけ、こちらが心を寄せることができるか、努力しました。少女たちがやってくると、「先生こういうの知ってる？」と言いながらいきいきと語ってくれるのです。どうしてこの子が売春なんかしているのだろう、と頭をよぎります。でも、そんなことを話題にしてはいけないのです。とにかく、相手に話してもらうように一生懸命聴きました。原則としてこちらが相手に聞くことはしません。

聴くというからには、大げさに言えば、喜び、感動、興味、関心、そういうものをしっかりもって耳を傾けないと、相手も話を継続する気持ちになれないのですよ。ですから、自分で自分を訓練しているようなものですね。そういう聴き方をしていくと、そのうちに少しずつ、もう少し話がしたいという気持ちが相手の中に沸いてくるのが分かるのです。でも、あなたのために今日は三〇分しか時間を用意できなかった、というように最初に伝えます。途中で区切りにくくなってしまうこともありますから。それぐらい一生懸命語ってくれるようになってきます。そうなると、数か月あるいは一年ぐらい経ってから「先生は私が何をしているか知っていらっしゃるんでしょう?・」と必ず言ってきます。この時がくるのを待っているのです。相手が売春や援助交際のことを語るのは、佐々木先生から叱られたい、しっかり注意されたいという感情が出てきてからなのです。自分がやっていることが悪事だと分かっているのです。でも、誰かれ構わず注意される筋合いはないとも思っているわけです。この人になら叱られてもいい、そういう気持ちになるまで機が熟してくるのを待つのは大変ですけど。

「先生はどう思われますか?・」と初めてこちらの意見を求めてきた時は、いい加減なことを言ってはいけません。そのことは悲しい、残念で不幸なことだ、悪いことをしているんですよという意味をしっかりと確実に伝えてあげることが肝心です。頭ごなしに怒鳴ったりしてはいけませんが、それなりにしっかり叱ります。傍でいつも見ている看護師さんからは、時間がもったいないのではと、よく言われました。でも、待っていてあげることが大切なのです。

涙を流しながら変わっていく姿を何度も見てきました。そういう少女の中で二人、結婚して産まれた子どもに私の正美という名前がつけられています。

男の子でも女の子でもいい名前だから産まれる前から決めていました、と言われました。

私の場合は心をかける訓練を自分に課しました。少女の話をゆっくり聴いてあげながら、少女をこれ以上傷つけないよう、どのように叱ってあげるか…何か月も待ちながら。愛情のかけ方はいろいろあると思います。何が良くて何がいけないか、単純には分かりません。ただ、それぞれの人が、いわば得意技のようなものを開拓されながら、子どもたちがこれから生きていくために必要な基本的な愛情の基盤を与えてあげられたら、と思います。

佐々木正美（ささきまさみ）

新潟大学医学部卒業後、東京大学医学部で精神医学を学び、その後、ブリティッシュ・コロンビア大学医学部児童精神科に留学。帰国後、国立秩父学園、東京大学精神科助手を経て、小児療育相談センター所長。現在、川崎医療福祉大学特任教授、神奈川ＬＤ協会理事など。長年にわたり、自閉症療育に従事し、子育てや子どもの発達支援分野の第一人者。

いのちを受けて　健やかに幸福に生きる

―エリクソンのライフサイクル・モデルに学ぶ―

二〇一三年八月一日　初版発行

編　集　宮田和子

発行者　山内信重

発行所　神奈川ＬＤ協会（公益社団法人神奈川学習障害教育研究協会）

〒二二六-〇〇二五

横浜市緑区十日市場町八〇一-八　ホームストプラザ十日市場東館二階

電話　〇四五-九八四-七九一〇　ＦＡＸ　〇四五-九八一-五〇五四

E-mail　kanald@246.ne.jp

ホームページ　http://www.246.ne.jp/~kanald/

印刷所　合資会社　横浜大気堂

表紙・イラスト　勝野真美